PFLANZEN

PFLANZEN
KUNSTWERKE DER NATUR
michel gantner

Jacoby & Stuart

Zu Beginn des 19. Jahrhunderts lenkte der französische Botaniker Charles François Brisseau de Mirbel den Blick seines Publikums auf die extreme Vielfalt in der Pflanzenwelt, die sich etwa daran zeigt, dass jede Art andere Blätter aufweist: Mal sind sie wie Herzen, Ellipsen, Ovale oder Rauten geformt, mal gleichen sie Speerspitzen, Pfeilen, Hellebarden oder Schilden, mal erinnern sie an Hände, Zungen, ausgespannte Flügel, Hörner, Kelche oder Gitter ... Aus dem Munde eines Wissenschaftlers mag eine solche Aufzählung kaum erstaunen.

Auch die Maler früherer Jahrhunderte haben dieser Üppigkeit oft alle Ehre erwiesen; man denke nur an die paradiesische Wiesenlandschaft der Brüder van Eyck auf dem Genter Altar, die sich wie eine Enzyklopädie der botanischen Kenntnisse jener Epoche liest. Die außergewöhnlichen Blumenkränze, die Rubens auf seinen Bildern von Jan Bruegel ausführen ließ, sind ein weiteres Beispiel für eine solche detailgetreue Darstellung.

Nun eröffnet uns Michel Gantner in diesem imposanten Werk einen neuen Blick auf die Bütenpracht und lässt die Pflanzenwelt in einem völlig ungewohnten Licht erscheinen. Auf der Suche nach ästhetisch Reizvollem setzt der Fotograf Blütenkronen, Blütenblätter, Stängel, Blätter und Ranken wie graphische Elemente ein. Die von der Natur dargebotenen Materialien verlieren dadurch ihre ursprüngliche Erscheinung und werden schöpferisch verändert. Kann man bei diesen Bildern noch von Fotografien sprechen? Die Fotografie geht ihrem Wesen nach vom Dunklen ins Helle, vom Verborgenen zum Licht. Bei diesen Aufnahmen aber ist die Ausgangsoberfläche weiß, wie die Seiten eines Herbariums, in dem man Pflanzen sorgfältig ordnet. Sanfte Schwünge, Arabesken und Farben beleben diese ursprüngliche Reinheit genau wie die Wasserfarbe des Zeichners oder die Tinte des Kalligraphen das Papier. Bisweilen hat man den Eindruck, ein Kirchenfenster zu betrachten. Die geheimnisvollen, wie vom Licht erschaffenen Pflanzen sind selbst zu Trägern des Lichts geworden.

Michel Gantners Pflanzenbilder verzichten auf jegliche Perspektive und folgen auch hierbei einem Prinzip des Herbariums, das darin besteht, Pflanzen zu pressen und ihnen dadurch eine gewisse Transparenz zu verleihen. Es gibt in diesen Bildern keine Schlagschatten mehr. Nur einige zufällige Schatten bleiben, die wie ungewollt, so scheint es, einen Hauch Volumen suggerieren. Diese entwurzelten Gebilde entziehen sich den Gesetzen der Schwerkraft, und so offenbart sich uns ein gänzlich fließendes Universum, ohne jegliche Körperhaftigkeit. Linien und Formen bilden ein elegantes Ballett, dessen Zartheit und Flüchtigkeit sich erahnen lässt. Wir wissen, dass das Leben nur ein winziger Punkt in der unendlichen Weite der Zeit ist. Aber nicht selten geht die Flüchtigkeit des Lebendigen im Reich der Pflanzen mit einer unbeschreiblichen Entfaltung von Schönheit einher.

Die folgenden Seiten, die das Vergängliche so schön in Szene setzen, sind der beste Beweis dafür.

Pierre Gantner, April 2008

SPINNENBLUME

BLÜTEN DER SEIDENAKAZIE

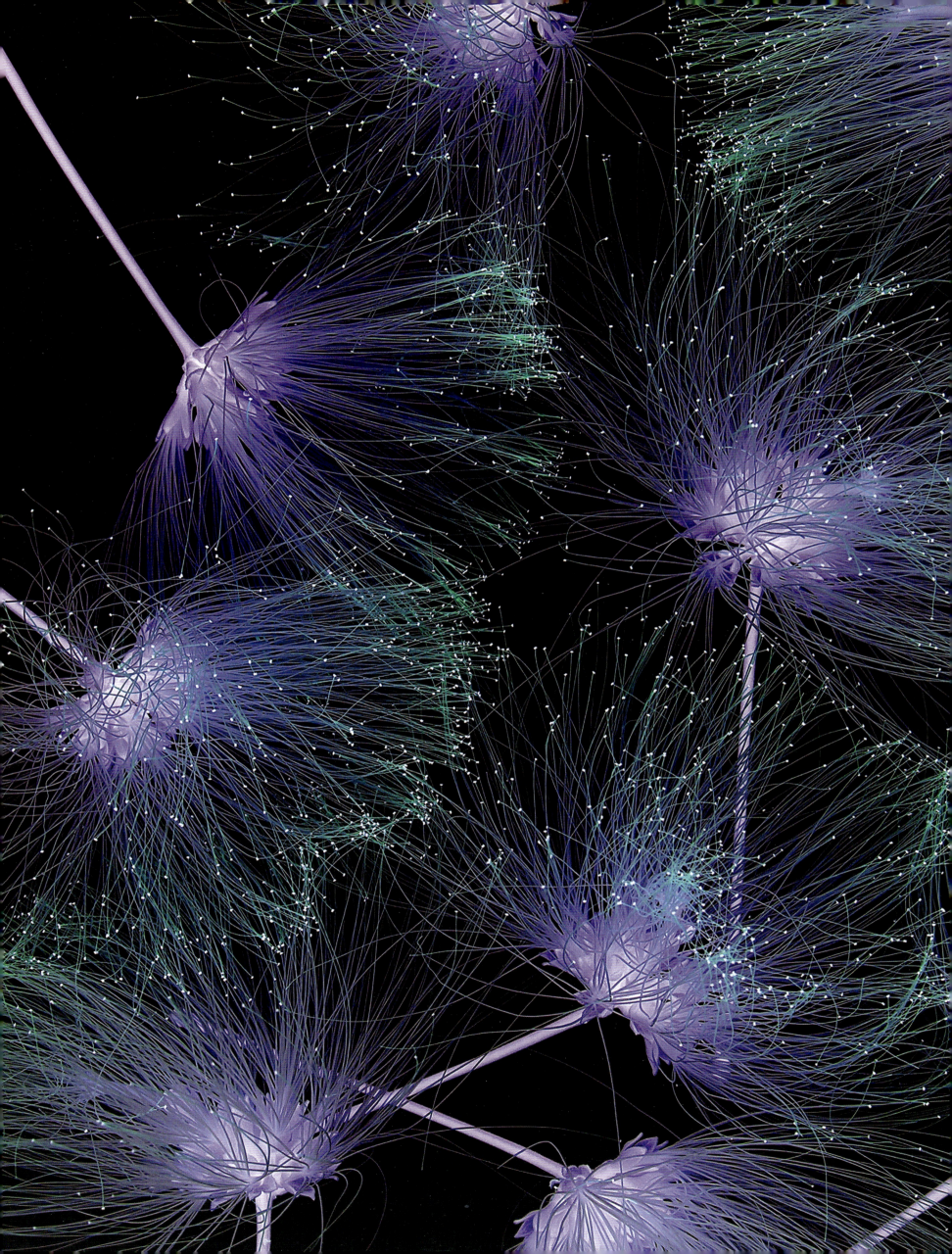

PRÄRIEENZIAN &
RANKEN DER PASSIONSBLUME

LOTOSBLUME

GERBERA &
EINJÄHRIGES SILBERBLATT

IRIS & WILDER SPARGEL

S. 14 & 15

FLAMINGOBLUMEN

FLAMINGOBLUMEN

FLAMINGOBLUMEN
S. 20 & 21

LILIEN

PARADIESVOGELBLUMEN

PRÄRIEENZIAN

ROTE TULPEN

FLAMINGOBLUME &
SCHWANEN-SEIDENPFLANZE
S. 30 & 31

GELBER FRAUENSCHUH

GRÜNE KÄNGURUBLUME

ROTE TAUBNESSEL

GETROCKNETE FLAMINGOBLUMEN

GARTENLÖWENMAUL

ALPENVEILCHEN

ALPENVEILCHEN & EINBLATT
S. 44 & 45

ALPENVEILCHEN

FRAUENSCHUH

ORCHIDEE

WALDREBE

PRÄRIEENZIAN

PRÄRIEENZIAN

WALDREBE & RANKEN DER PASSIONSBLUME

ZIERGRÄSER
S. 60 & 61

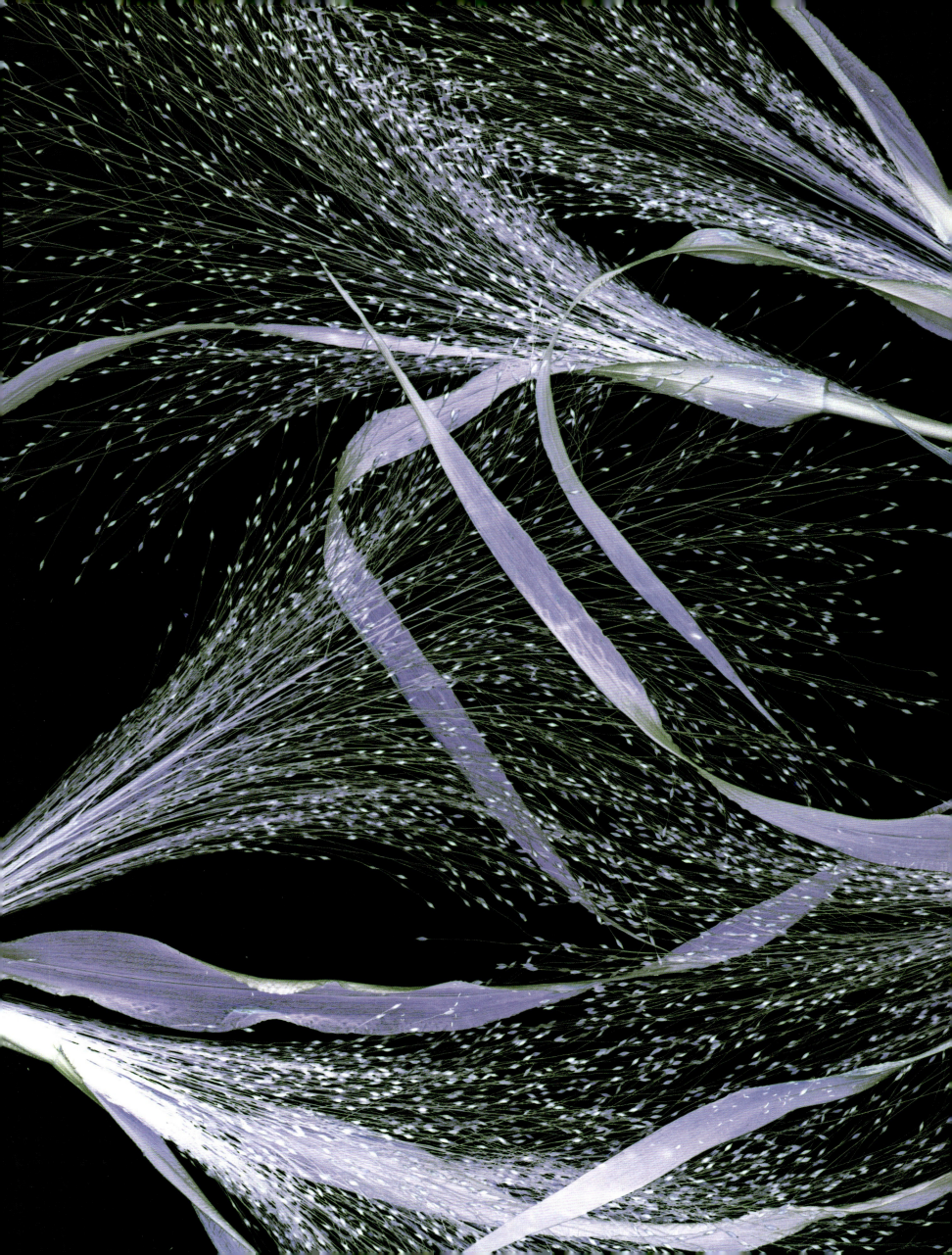

Gerbera

Dahlie & Kapmargerite
S. 64 & 65

ORCHIDEEN

PLATANENBLÄTTER

SOJABOHNEN

SCHNEEGLÖCKCHEN

CALLA

MOHN

PEPERONI

CALLA

ORCHIDEE

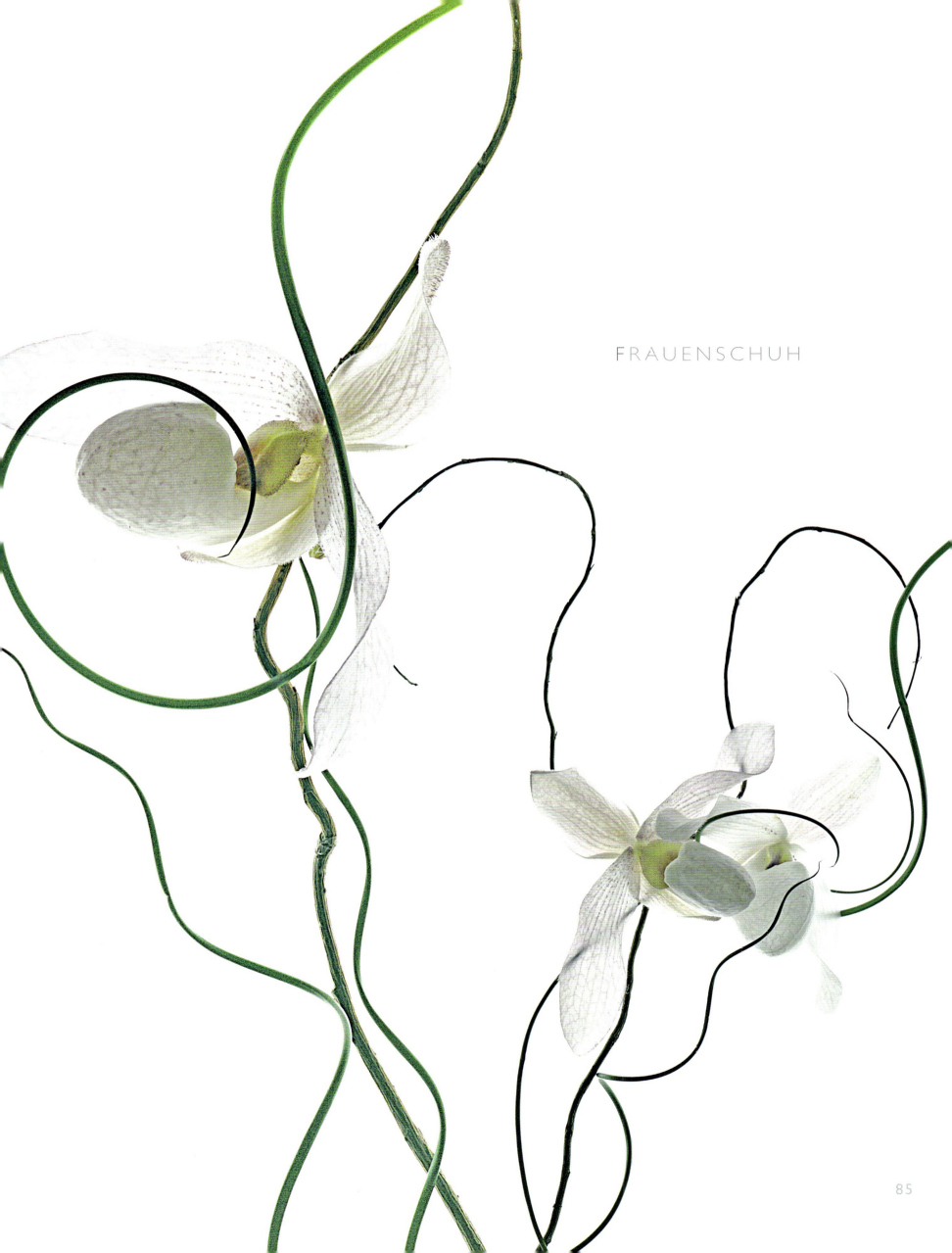

FRAUENSCHUH

85

ROSEN

CALLA & FLAMINGOBLUMEN

CALLA

CALLA

CALLA

PRUNKWINDE &
RANKEN DER PASSIONSBLUME

DAHLIEN & FRÜCHTE DER WALDREBE

DAHLIEN & ZIERGRÄSER
S. 100 & 101

NARZISSEN

IRIS & NARZISSEN
S. 104 & 105

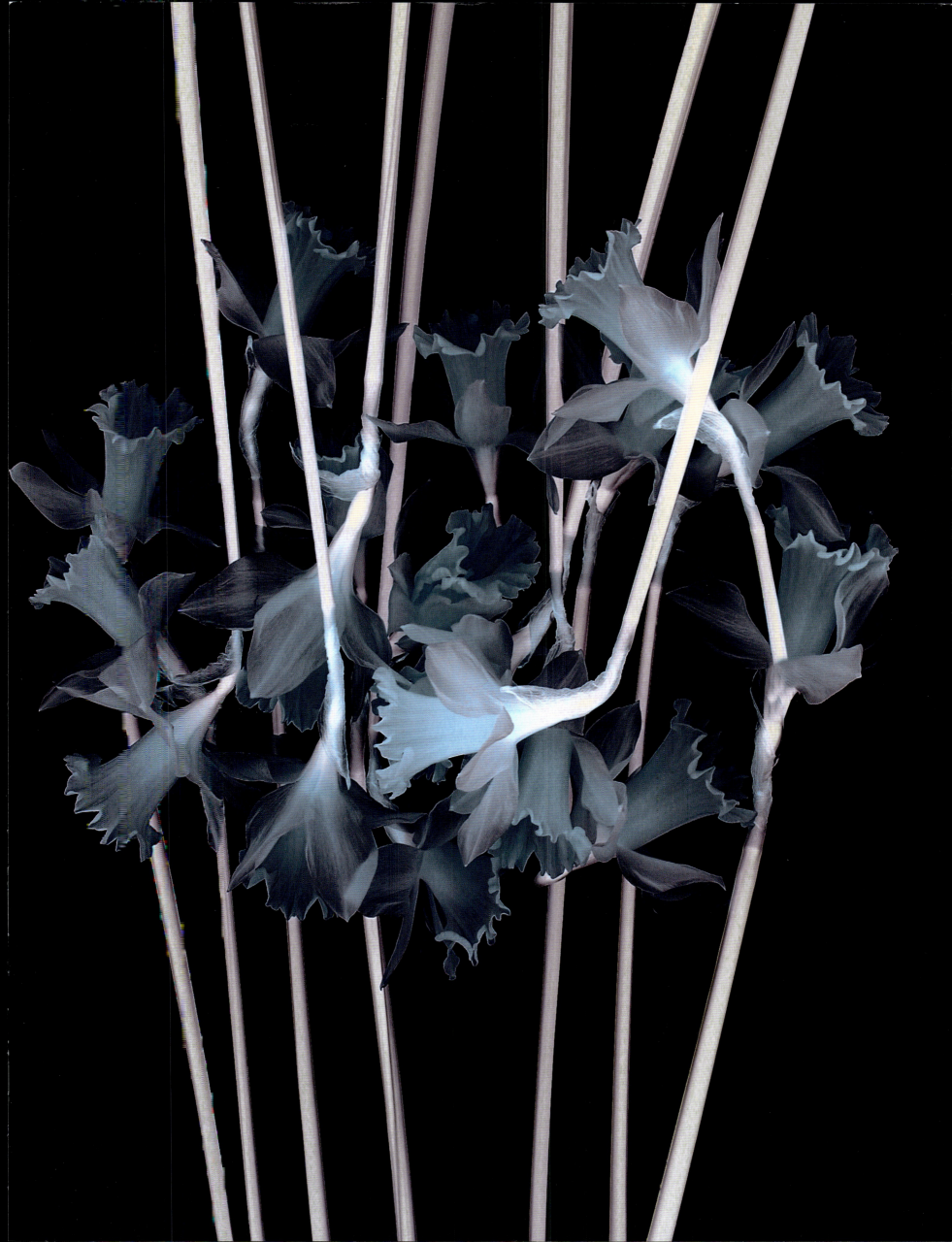

GLOCKENREBEN

GLOCKENREBEN

PRÄRIEENZIAN & KORKENZIEHERWEIDE

RUHMESLILIE & GETROCKNETE NARZISSE

PERUANISCHER BLAUSTERN

PAPAGEIENTULPEN

PRÄRIEENZIAN

BLÜTEN DES APFELBAUMS

MOHN

CALLA

LILIE

GETROCKNETE LILIE

EINBLATT
S. 130 & 131

WEISSE TULPEN

135

137

WEISSE TULPEN
ROTE DAHLIEN
S. 138 & 139

GLOCKENREBE

Der fotografische Blick, mit dem ich das Pflanzenreich betrachte, ist vor etwa zehn Jahren entstanden, als die digitale Fotografie das fotochemische Verfahren tatsächlich in den Hintergrund drängte. Ich wollte diese Umwälzung nutzen, um mich einem Thema zu widmen, das schon ausgiebig von der traditionellen Fotografie behandelt worden war.

Meine Vorbilder sind die Schwarzweißfotos von Karl Blossfeldt, der die botanischen Wunderwerke mit großer Präzision festgehalten hat, Edward Steichens Aufnahmen üppiger Blumensträuße, das Moderne der Fotos von Edward Weston, der weite Landschaften mit größtmöglicher Schärfentiefe darstellte, die Stillleben und Panoramalandschaften von Josef Sudek oder auch die Bilder von Robert Mapplethorpe, die geprägt sind von der besessenen Suche nach dem Schönen.

Mein Ziel ist es, einfach und systematisch zu fotografieren und bei der Komposition meiner Bilder weder über den Fotoapparat noch über den Lichteinfall nachdenken zu müssen.

Deshalb beschränkt sich mein Arbeitsbereich auf einen rechteckigen Leuchttisch. Ich komme ohne jegliche andere Lichtquelle aus, denn die Pflanzen sind so durchscheinend, dass das Licht sie durchdringt und keine »Silhouetten-Bilder« entstehen. Wenn ich in einer dunkler Umgebung arbeite, kann ich sehen, was mein Auge normalerweise nicht wahrnimmt. Meine Aufnahmen rufen deshalb immer wieder Staunen und Überraschung hervor.

Jede neue Entdeckung macht mich sehr zufrieden, und ich werde einfach nicht müde, die Pflanzerwelt zu beobachten, die so reich ist an Formen, Materialien und Farben.

Sie stimuliert meine Sinne und meine Vorstellungskraft.

Ihr gehören stets von neuem meine Bewunderung und meine Dankbarkeit.

Michel Gantner

VERZEICHNIS DER DEUTSCHEN NAMEN

ALPENVEILCHEN
SEITE 42, 43, 44, 45, 46, 47

APFELBAUM, Blüten
SEITE 120, 121

CALLA
SEITE 74, 75, 80, 90, 93, 94, 95, 96, 125, 132

DAHLIE
SEITE 64, 99, 100, 101, 138, 139

EINBLATT
SEITE 45, 130, 131

EINJÄHRIGES SILBERBLATT
SEITE 14

FLAMINGOBLUME
SEITE 16, 17, 18, 20, 21, 30, 38, 39, 91

FRAUENSCHUH
SEITE 32, 33, 48, 49, 84, 85

GARTENLÖWENMAUL
SEITE 40, 41

GERBERA
SEITE 14, 62, 63

GLOCKENREBE
SEITE 107, 108, 109

GRÜNE KÄNGURUBLUME
SEITE 34, 35

IRIS
SEITE 15, 104

KAPMARGERITE
SEITE 65

KORKENZIEHERWEIDE
SEITE 110, 111

LILIE
SEITE 22, 23, 126, 128, 129

LOTOSBLUME
SEITE 12, 13, 133

MASDEVALLIA
SEITE 86, 87

MOHN
SEITE 76, 77, 122, 123

NARZISSE
SEITE 102, 105, 113

ORCHIDEE
SEITE 51, 67, 83

PARADIESVOGELBLUME
SEITE 24, 25

PASSIONSBLUME, Ranken
SEITE 10, 11, 59, 97

PEPERONI
SEITE 78, 79

PERUANISCHER BLAUSTERN
SEITE 114, 115

PLATANE, Blätter
SEITE 68, 69

PRÄRIEENZIAN
SEITE 10, 11, 26, 27, 55, 56, 57, 110, 111, 118, 119

PRUNKWINDE
SEITE 97

ROSE
SEITE 88, 89

RUHMESLILIE
SEITE 112

SCHNEEGLÖCKCHEN
SEITE 72, 73

SCHWANEN-SEIDENPFLANZE
SEITE 31

SEIDENAKAZIE, Blüten
SEITE 8, 9

SOJABOHNE
SEITE 70, 71

SPARGEL, wilder
SEITE 15

SPINNENBLUME
SEITE 6, 7

TAUBNESSEL
SEITE 36, 37

TULPE
SEITE 28, 29, 116, 117, 134, 135, 136

WALDREBE
SEITE 52, 53, 59, 99

ZIERGRÄSER
SEITE 60, 61, 100, 101

142

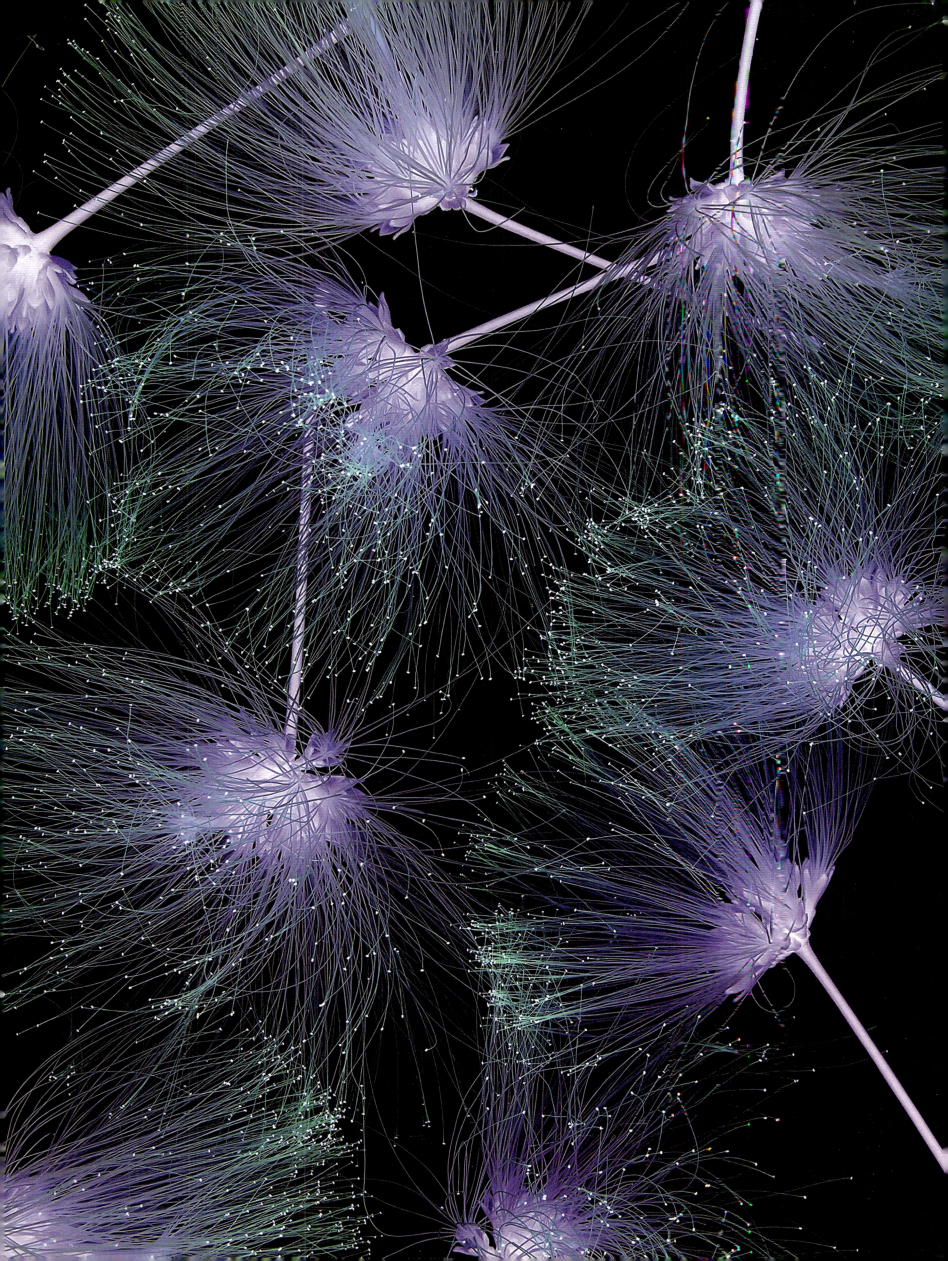

Ein besonderer Gruß

Die Adjektive elegant und stilvoll würde man heutzutage benutzen, um ein gelungenes Möbelarrangement zu beschreiben, doch sie passen auch gut zu *Paphiopedilum* Leeanum, einen Klon, der seit seiner Züchtung 1884 und damit seit über hundert Jahren als typischer Vertreter der Orchideen in der westlichen Welt gilt und wegen seiner Langlebigkeit vor allem als Schnittblume geschätzt wird. Diese Orchidee ist eine Kreuzung aus zwei herausragenden Arten, *Paphiopedilum insigne* (die Schöne, die in einer Höhe von 2000 Metern im Himalaya, in Indien, Bangladesch und Nepal wächst) und *Paphiopedilum spicerianum*, die in tieferen Lagen zu finden ist, und sie vereint in sich die besten Eigenschaften beider Elternteile. Sie beginnt im Spätherbst zu blühen und ist am Valentinstag noch immer eine der gefragtesten Schnittblumen. Von ihren Eltern hat sie die die leichte Kultivierbarkeit im Haus und im Garten geerbt, wo sie auch mit weniger Licht und kühlen Wintern gut zurechtkommt. Als Tochter der *Paphiopedilum spicerianum* trägt sie als besonderen Gruß einen zarten rosaroten Streifen auf dem dorsalen Sepalum.

PAPHIOPEDILUM LEEANUM

Phalaenopsis
Timothy Christopher

Meeresschaum

Eine weiße *Phalaenopsis*. Sie ist am beliebtesten und am weitesten verbreitet. Als wichtigste Zutat eines Brautstraußes symbolisiert sie die Reinheit und Treue der Braut. Sie wird von Designern und Floristen geschätzt, die mit ihr raffinierte Interieurs dekorieren. Und sie gehört zu den ersten Orchideen, die man für sich selbst kauft oder um einem geliebten Menschen ein Geschenk zu machen. Ihre reinweißen Blüten faszinieren und sind so leicht und anmutig, als sei man von Schmetterlingen umgeben.

Nicht zufällig sind Schmetterlinge, genauer gesagt Nachtfalter mit weißen Flügeln, maßgeblich an der Namensgebung dieser Orchideengattung beteiligt, denn *Phalaenopsis* setzt sich aus den griechischen Worten *phalaina* (Falter) und *opsis* (ähnlich) zusammen. Timothy Christopher, eine ältere Hybride aus dem Jahr 1982, die noch heute im Trend ist, hat noch etwas mehr: zarte Stängel und eine Wolke aus Blüten – nicht groß, aber in jedem Detail perfekt –, die an die Schaumkronen der Wellen erinnern, wenn sie sich am Strand brechen. Vielleicht liegt das daran, dass eine ihrer Eltern, die *Phalaenopsis aphrodite* aus den subtropischen Wäldern Taiwans und der Philippinen, nach der griechischen Liebesgöttin benannt ist, die aus dem Meer geboren wurde.

„Extravaganz"

Orchideen sind äusserst eigenwillige Pflanzen und nicht leicht zu kultivieren. Obwohl das allgemein bekannt ist, entscheidet sich eine wachsende Anzahl Menschen dafür, mindestens eine dieser Pflanzen zu kaufen, ohne recht zu wissen, worauf sie sich einlassen. Der Stolz, der die Anfangsphase dieses neuen Unternehmens begleitet, weicht bald einer neuen Erkenntnis: Plötzlich stellt man fest, dass man im Besitz eines bemerkenswerten Lebewesens ist, das viele Geheimnisse birgt, von denen eines aussergewöhnlicher ist als das andere.

Es fängt bei der Blüte an, die nicht so aufgebaut ist, wie man es von einer gewöhnlichen Blume erwarten würde. Dringt man dann in das Labyrinth der Formen, Farben und klimatischen Vorlieben vor, die jede der 25 000 wild wachsenden Orchideenarten einzigartig und unverwechselbar machen, bleibt man zunächst verwirrt zurück.

Ausgefallen ist auch der wissenschaftliche Name der Pflanzenfamilie der Knabenkräuter, *Orchidaceae*, der auf Antoine-Laurent de Jussieu (1748–1836) zurückgeht. Vor ihm hatte Carl von Linné (1707–1778), der Vater der modernen systematischen Klassifikation aller lebenden Organismen, für seine Beschreibungen den Begriff Orchis übernommen, der von Theophrastos von Eresos (um 371–287 v.Chr.), einem griechischen Philosophen und Botaniker des Altertums, geprägt wurde. In seinem Werk *Naturgeschichte der Gewächse* beschreibt Theophrastos die Orchidee als Pflanze mit zwei runden Wurzelknollen, die stark an die Hoden eines Mannes erinnern. Deshalb gab er der Pflanze den Namen *Orchis*, das griechische Wort für Hoden. Tatsächlich sind alle Orchideen, die heute gehandelt werden (es sei denn es sind aussereuropäische, die nicht bereits von Theophrastos im Mittelmeerraum identifiziert wurden), mit solchen Wurzelknollen ausgestattet.

Über Orchideen gibt es viele aussergewöhnliche Begebenheiten zu erzählen. So war zum Beispiel

in Japan zur Zeit der Samurai die *Neofinetia falcata*, eine einheimische kleine Orchidee von seltener Schönheit und lieblichem Duft, das Symbol der Kriegerkaste, da die Form ihrer Blüte dem Helm der Samurai ähnelt. Man nannte sie *Fuuran*, was auf Japanisch so viel heisst wie „Orchidee des Windes".
Und dann ist da noch die Geschichte über eines der kostbarsten und (nach dem Safran) teuersten Gewürze der Welt: die Vanille. Sie beginnt in Mexiko, wo die Azteken die Früchte einer seltsamen Schlingpflanze, die von ihnen *tlilxochitl* genannt wurde, als Gewürz schätzten. Es handelte sich dabei um die Orchidee *Vanilla planifolia*. Dass wir heute Vanille kennen, verdanken wir dem spanischen Eroberer Hernán Cortés, der sie um 1520 zusammen mit dem Kakao nach Europa bringen liess.
Ebenso dankbar sollten wir dem jungen Sklaven sein, der auf der französischen Insel La Réunion (ehemals Île de Bourbon) im Indischen Ozean östlich von Madagaskar zufällig entdeckte, wie man die Vanille-Orchidee mit der Hand bestäuben kann, sodass eine intensive Kultivierung der kostbaren Bourbon-Vanille möglich wurde. Diese und viele andere ebenso köstliche wie wahre Geschichten zirkulieren unter Orchideenfreunden und sind dank der Globalisierung des Informationsflusses im Internet in einschlägigen Foren und Blogs zu finden. Besonders aktiv ist dort Guido De Vidi, ein bedeutender Amateursammler aus Breda di Piave im italienischen Treviso. Mit dreissig Jahren Erfahrung und als Besitzer von 3500 Orchideen ermutigt er Neueinsteiger dazu, sich von anfänglichen Misserfolgen nicht beirren zu lassen. (Er selbst hatte auch kein Glück mit seiner ersten Orchidee, einer klassischen *Cymbidium* als Geschenk für seine Frau.) Er rät ihnen, so bald wie möglich die Grenze zu überschreiten, die „kommerzielle" Orchideen von den natürlichen Arten trennt, ohne sich von komplexen Namen einschüchtern zu lassen. Denn hinter jeder neuen Orchidee verbirgt sich immer eine extravagante Geschichte, die entdeckt werden will.

156-157 *Bulbophyllum retusiusculum.*

Moderne Grafik

Duft ist bei Orchideen keine ungewöhnliche Eigenschaft. Dass *Dendrobium tetragonum* zart und süß duftet, erhöht noch – wenn es überhaupt einer Steigerung bedürfte – den Charme dieser australischen Art, die in den Küstenregionen im Südosten des Kontinents beheimatet ist. Sie hat wirklich alles, was nötig ist, um aus einer Sammlung herauszustechen. Am auffälligsten sind die grafisch gestaltet wirkenden Blüten mit langen, spitz zulaufenden Petalen und Sepalen, sodass die Blüte einen Durchmesser von über fünfzehn Zentimetern erreichen kann. Der Blütenstand sprießt aus eigenartigen, spindelförmigen Pseudobulben, die über die gesamte Länge einen typischen, vierkantigen Querschnitt aufweisen und von denen sich der Name *tetragonum* ableitet. Die Blütezeit dieser Orchidee reicht vom Winter bis in die ersten Frühlingswochen hinein, doch ist es nicht ungewöhnlich, dass sie schon erneut blüht, während die älteren Blüten noch verwelken, was diese *Dendrobium* (von der es mindestens vier Varianten gibt) noch wilder und ursprünglicher aussehen lässt. Ihr natürlicher Lebensraum sind feuchtwarme, schattige Regionen, nicht höher als 1000 Meter über dem Meeresspiegel.

Dendrobium tetragonum

ROSSIOGLOSSUM GRANDE

Freude an Farbe und Bewegung

Der intensive gelbe Farbton verschmilzt auf den wachsartigen Blüten mit ockerfarbenen Strichen, wie von einem ungeduldigen Maler gezogen, der es nicht abwarten konnte, sein Werk zu vollenden, aber dennoch den Pinsel erst am Rand des elfenbeinfarbenen Labellums absetzte.

Die *Rossioglossum grande* mit ihren ansprechenden Farbeffekten gehört zu einer kleinen Gattung mit nur sechs Arten, die um 1970 von den Odontoglossien getrennt wurden, einer umfangreichen Orchideengattung aus Mittel- und Südamerika, die ihren botanischen Namen seit 1816 trägt.

In Guatemala gedeiht sie in Laubwäldern, die im Sommer feucht und schattig, im Herbst und Winter aber, nach dem Abfallen der Blätter, hell und trocken sind. *Rossioglossum grande* wird dort auch Tigermaul genannt. In Belize und Mexiko ist sie bis in Höhenlagen zwischen 1400 und 2700 Metern zu finden. Im späten Herbst, wenn sie zu blühen beginnt, und während des ganzen Winters, leuchtet sie wie ein Farbklecks zwischen den dunklen Ästen der Bäume. Ihre großen Blüten werden von verzweigten Stielen von bis zu dreißig Zentimetern Länge getragen und sind durch die Luftzirkulation in ständiger Bewegung.

In Erwartung des Unerwarteten

Niemand würde auf den ersten Blick vermuten, dass diese Pflanze mit ihren rubinroten, spindelförmigen Kolben eine Orchidee ist. Sie besitzt alle Eigenschaften einer Traube, aber es ist keine Weintraube. Die kleinen Kügelchen, aus denen die besteht, sind glänzend und prall wie die Kerne eines Granatapfels. Man möchte sie anfassen, um zu erfahren, was sich in ihrem Inneren verbirgt. Doch das ist nicht nötig, es bedarf nur ein wenig Geduld. Die *Robiquetia cerina*, so lautet ihr Name, hat es nicht eilig, ihre Geheimnisse zu enthüllen. Sie öffnet sich ganz gemächlich von selbst, sobald ihre Knospen reif sind. Die epiphytische Orchidee ist in Ozeanien (Papua und Neuguinea) sowie auf den Philippinen beheimatet, fühlt sich aber auch in unserem gemäßigten Klima wohl. Im Sommer kann sie draußen in lichtem Schatten in einem Korb am Ast eines Baumes hängen. Im Herbst sollte man sie jedoch ins Haus holen. Zum einen wegen der Kälte, zum anderen, um das Aufblühen ihrer Knospen aus der Nähe beobachten zu können.

Robiquetia cerina

Der Charme einer Bergblume

Diese schöne Orchidee sieht so ungewöhnlich modern aus, als wäre sie von der Natur in einem äußerst kreativen Moment erschaffen worden. Ein besonderer Blickfang ist das spindelförmige, mit feinem Flaum überzogene Blatt. Es verjüngt sich nach unten hin und teilt sich oben in zwei separate Lappen. Ältere Blätter sind von einer tiefen Rille durchzogen. Auf seinem kräftigen Stiel schwebt es in perfektem Gleichgewicht frei im Raum. In der Mitte, geschützt durch eine mikroskopisch kleine Spatha, erscheint der Blütenstand, der immer nur eine Blüte auf einmal hervorbringt. Diese ist fünfzehn bis zwanzig Millimeter lang, purpurrot und vollständig mit Haaren bedeckt. Jede Blüte hält sich nur etwa zwei Tage, doch dafür blüht die Pflanze zu jeder Jahreszeit, sofern es nicht zu kühl ist.

Als außergewöhnliche Vertreterin der Pleurothallien, der mit über tausend Arten am weitesten verbreiteten Orchideengattung in der Neuen Welt, ist die epiphytische *Pleurothallis dilemma* in Ecuador, in Höhenlagen zwischen 1800 und 2000 Metern zu finden. Sie ist eine „Bergorchidee" und als solche nicht ganz einfach in der Pflege. Daher bleibt sie meist erfahrenen Sammlern vorbehalten, die ihr auch in unserem Klima ideale Bedingungen zum Blühen und Gedeihen bieten können.

Pleurothallis dilemma

*Kontemplation
oder Meditation?*

Ein derart brillantes Orange findet man selten bei einer Orchidee. Interessanterweise gehört es zu einer Art, die eher klein ist und daher ihre ganze Kraft darauf zu verwenden scheint, möglichst attraktive Blüten hervorzubringen. Sie sehen aus wie Sterne, auch wenn sie nur einen Durchmesser von fünf bis sieben Zentimetern aufweisen. Der Name der Orchidee ist *Laelia harpophylla*. Sie stammt aus Brasilien und blüht im späten Winter oder im zeitigen Frühjahr. Sie gehört zu einer Gattung, die in Mexiko und Brasilien weit verbreitet ist und von den Züchtern geschätzt wird, weil Kreuzungen zwischen ihr und verwandten Gattungen wie *Cattleya*, *Brassia* und *Sophronitis*, die dasselbe geografische Gebiet besiedeln, oft zu außergewöhnlichen Ergebnissen führen.

Orchideenliebhaber sind von der bezaubernden Anmut der Blüten fasziniert und widmen sich gerne der *Laelia*, obwohl sie nicht immer leicht zu kultivieren ist. Taxonomen und Botaniker aber, die ständig an Techniken arbeiten, im Erbgut der Pflanzen zu lesen, können sicher noch viel über die *Laelia* sagen. Es vergeht kein Jahrzehnt, ohne dass sie Veränderungen in der Nomenklatur vorschlagen. Wir haben es jedoch vorgezogen, uns an den traditionellen Namen zu halten.

LAELIA HARPOPHYLLA

Vision in 3D

Orchideenliebhaber widerstehen nur selten der Versuchung, eine Pflanze aus jeder Richtung zu betrachten. So ist es auch bei *Cyrtochilum meirax* (früher *Oncidium meirax*), einer Art mit großzügigem Wuchs aus geschwollenen Pseudobulben mit reichhaltigen Nährstoffen und mit lanzettförmigen Laubblättern von schönem hellem Grün. Im Spätwinter erscheinen kleine goldene Blüten, die sich scharf gegen die Blätter abzeichnen und das Auge erfreuen. Von vorne gesehen präsentieren die Blüten, die nicht größer sind als eineinhalb Zentimeter, ein dreieckiges gelbes Labellum mit orangefarbenen Flecken. Doch es ist die dreidimensionale Anordnung der Petalen und Sepalen im Raum, die den Wunsch weckt, die Blüten auch im Profil und von unten nach oben zu betrachten, um alle Details und die ganze Komplexität ihrer Form zu erkunden, als handele es sich um ein handgeschliffenes Juwel.

In der Natur gedeiht diese Epiphytenart in den Feuchtwäldern der Karibik, von der Dominikanischen Republik bis Puerto Rico.

CYRTOCHILUM MEIRAX

Tropisches Klima

PAPHIOPEDILUM
GLAUCOPHYLLUM

Diese *Paphiopedilum* mit ihren faszinierenden Farben lässt sofort an die Tropen denken und daher überrascht es nicht, dass ihre Heimat die Inseln Sumatra und Java sind. Dort haben die Pflanzenjäger sie um das Jahr 1900 aufgespürt und die Botaniker gaben ihr wegen der blaugrünen Farbe ihrer Laubblätter den Namen *Paphiopedilum glaucophyllum*. Am auffälligsten ist aber ganz gewiss die Blüte mit ihrem wohl geformten Labellum, das von Rosa zu Grün mit karmesinroten Flecken changiert. An den Seiten sitzen zwei lange, dünne, purpurrot gefleckte Flügel, deren gewellte Ränder mit feinen Härchen besetzt sind. Unter gemäßigten und warmen Klimabedingungen bringt die *Paphiopedilum* regelmäßig kleine (zehn Zentimeter lang und fünf Zentimeter breit) Blüten hervor, die auf einem bis zu vierzig Zentimeter langen Stängel sitzen. Jede Apikalknospe, die durch ein kleines Blatt geschützt wird, ist bereit, eine neue Knospe hervorzubringen, sodass es aussieht, als stünde die Orchidee immer in voller Blüte.

Freude am Wettkampf

Sie ist ein Kleinod der Natur, eine winzig kleine epiphytische Orchidee aus Ecuador, die auch in Peru und Kolumbien verbreitet ist. Sie wirkt wild entschlossen, sich gut zu verkaufen. Die strahlenförmigen Blütenstände, die zwischen Frühling und Herbst immer wieder erscheinen, schmücken sich mit einer Myriade rosafarbener Blüten, die nur wenig größer sind als ein Zentimeter. Sie haben die Lebendigkeit eines Feuerwerks und die Unbeschwertheit eines Löwenzahns. Um die scheinbar fragile Pflanze zu schützen, hat ihr die Natur offenbar eine Reihe von Waffen und Tricks gegeben, mit denen sie mit ihrer Umgebung konkurrieren kann: dicht zusammengedrängte, spitze Blätter, die fächerförmig angeordnet sind und wie kleine Schwerter die winzigen Pseudobulben schützen; Sepalen und Petalen, so scharf wie die Klinge eines Messers und bereit, das Labellum zu verteidigen, das wiederum in einem Stiel endet und an ein Rasiermesser erinnert. Ihr Name? *Macroclinium xiphophorus*, deren Beiname nicht zufällig von *xiphos* abgeleitet ist, dem zweischneidigen Schwert der alten Griechen.

MACROCLINIUM XYPHOPHORUS

Eine Frage der Persönlichkeit

Unter den 1200 *Dendrobium*-Arten, einer der beliebtesten Gattungen nach *Bulbophyllum*, darf etwas Extravaganz nicht fehlen, wie *Dendrobium hodgkinsonii*. Der Farbton der goldgelben Blüten erinnert an cremiges Speiseeis, das wie früher üblich mit Eigelb zubereitet wurde. Obwohl die spitz zulaufenden Petalen und Sepalen an den Rändern etwas zerzaust aussehen, wirkt die leicht nach unten geneigte Blüte nicht aggressiv. Ganz im Gegenteil, sie vermittelt eine gewisse Diskretion im Versuch, ihr Labellum zu verbergen, den intimsten Teil, der Insekten zur Bestäubung anlocken soll. Tatsächlich ist es kaum zu sehen und vor allem anhand der delikaten purpurroten Streifen erkennbar, die wie mit einem Kamm gezogen scheinen. Die Pflanze stammt aus Neuguinea, bevorzugt eine warme und nicht zu helle Umgebung und blüht im Spätwinter oder im zeitigen Frühjahr.

DENDROBIUM HODGKINSONII

Im Samba-Rhythmus

Elegant und voller Leichtigkeit schweben Myriaden von Blüten in der Luft und erinnern dabei an eine Tanztruppe, die sich für den Karneval in Rio bereit macht. Nicht zufällig wird diese Orchidee, die auf den ersten Blick attraktiv ist, manchmal auch „Ballerina-Orchidee" genannt. Mit etwas Fantasie lassen sich nämlich bei den einzelnen Blüten, die immer lebhaft bunt und nie eintönig gefärbt sind, ein eng anliegendes Oberteil und ein ausladender Rock erkennen. Ein Windhauch genügt, und die Ballerina beginnt in der Luft zu tanzen. Wer wünscht sich nicht, eine so schöne Orchidee zu besitzen … trotz ihres nicht besonders klangvollen botanischen Namens. Als ob *Oncidium klotzschianum* noch nicht schlimm genug wäre, führen sie einige Taxonomen in jüngster Zeit auch unter der Bezeichnung *Vitekorchis klotzschiana*!

Die ursprüngliche Heimat dieser *Oncidium* ist Costa Rica, Panama, Venezuela, Kolumbien, Ecuador und Peru. Dort gedeiht sie im gemäßigten Klima der subtropischen Wälder am Fuß der Berge und blüht zweimal, im Frühjahr und im Herbst.

Oncidium klotzschianum

Beinahe übertrieben

Man kann sich gut vorstellen, wie überrascht die Pflanzenjäger (so wurden und werden noch heute die Forscher genannt, die sich auf die Suche nach neuen botanischen Arten begeben) waren, als sie das Glück hatten, auf eine neue *Paphiopedilum* mit einem auffällig rosa gefärbten dorsalen Sepalum zu stoßen, das im Verhältnis zur restlichen Blüte unverhältnismäßig groß ist. Obendrein besitzt sie auch noch ein wachsartig glänzendes gelbbraunes Labellum, das weniger an einen Pantoffel als vielmehr an einen Helm erinnert. Diese Entdeckung entschädigte die Jäger gewiss reichlich für das mühevolle Absuchen der Berghänge Südostasiens, aus Felsen und Kalkstein und dicht mit Vegetation bewachsen, dem natürlichen Lebensraum dieser neuen Spezies. Diese Geschichte trug sich im 19. Jahrhundert zu, und die Spezies wurde nach Joseph Charlesworth benannt, dem größten englischen Orchideenzüchter seiner Zeit. Bis heute hat sie nichts von ihrem Charme eingebüßt und blüht pünktlich im Herbst, wenn sie schattig und kühl gehalten wird.

PAPHIOPEDILUM CHARLESWORTHII

Offensichtlich adelig

Wer auf einen Blick erraten wollte, woher die *Paphiopedilum fairrieanum* stammt, läge nicht daneben, wenn er spontan an Indien dächte. Tatsächlich fällt es nicht schwer, in dieser Orchidee die Form eines indischen Turbans zu erkennen, vielleicht die eines ganz besonderen, mit fächerförmigem Kamm, wie er zu speziellen Anlässen und Feiern getragen wird. Eigentlich sind die bergigen Regionen des indischen Himalaya und des benachbarten Bhutan die Heimat dieser kleinen Orchidee mit der großen Persönlichkeit, deren Blüten so extravagant gestaltet und verziert sind. Mit einer Wuchshöhe von zehn Zentimetern und einem nur fünfundzwanzig Zentimeter hohen Stängel drängt sie sich in dichten Gruppen im hohen Gras von Flussufern und am Fuß der Bäume von Wäldern in Höhenlagen zwischen 1300 und 2200 Metern. Sie blüht im Frühling, manchmal auch im Herbst.

PAPHIOPEDILUM FAIRRIEANUM

Knisternde Spannung

Im Profil betrachtet scheinen die sich stark verjüngenden Blüten der *Masdevallia constricta* in der Luft zu schweben, zum Absprung bereit, um von der kleinen Pflanze, die sie hervorgebracht hat, davonzufliegen. Aber sie sind mit einem dünnen, fadenähnlichen Stängel mit ihr verbunden, der sie hält, während sie sich frei in der Luft bewegen. Hinter all der Anmut verbirgt diese Miniaturorchidee, die so klein ist, dass sie in eine Hand passt, eine seltene Robustheit und den starken Charakter einer Gebirgsorchidee, die es gewohnt ist, auf dem feuchten Moos zu wachsen, das die alten Bäume in den peruanischen Anden und in Kolumbien auf einer Höhe zwischen 1200 und 1800 Metern für gewöhnlich überzieht.

Die *Masdevallia* ist Freud' und Leid des Sammlers, denn sie ist sehr anspruchsvoll. Sie bevorzugt die Reinheit des Regenwassers und scheut die sengende Sonne. Die Gattung der Masdevallien wurde von den Spaniern in der Neuen Welt entdeckt und 1794 nach José Masdeval, einem Arzt und Botaniker am Hofe Karls III. von Spanien, benannt.

MASDEVALLIA CONSTRICTA

Unvergesslich

Mit dem goldenen Farbton und der besonderen Anordnung ihrer Blütenblätter (maximal zwölf) bleibt diese Mini-Orchidee, obwohl sie nur etwa fünfundzwanzig Zentimeter hoch ist, nicht unbemerkt. Die Blüten formieren sich an dünnen Stielen strahlenförmig rund um einen einzigen Stamm. Manche erinnert dieser Anblick an Finger mit frisch lackierten *French Nails*, die an der Luft trocknen sollen. Andere wiederum denken dabei eher an eine Art Schirm, der im Sommer und Herbst die zarten, inneren Teile der Pflanze vor den Strahlen der Sonne schützt. Vielleicht liegt es an dem leicht orientalischen Aussehen von *Bulbophyllum retusiusculum*, einem würdigen Vertreter einer der am weitesten verbreiteten Orchideenarten, deren ursprüngliche Heimat die bewaldeten Berghänge Chinas, Nepals, Assams, Indiens und Vietnams sind. 1869 entdeckt und beschrieben von dem deutschen Botaniker Ludwig Reichenbach, ist sie ein hübsches Kleinod, das zusammen mit einem einzigen Blatt aus einer kleinen ovalen Pseudobulbe erwächst.

Bulbophyllum retusiusculum

Keinesfalls alltäglich

PAPHIOPEDILUM
PINOCCHIO F. MA ALBA

Wenn die Orchidee mit der Rose konkurrieren müsste, um „durch die Blume" Liebe auszudrücken, gelänge dies ganz sicher mit *Paphiopedilum* Pinocchio, die vom Namen und vom Aussehen her Unbeschwertheit, Freude und Lebenslust weckt. Es ist nicht schwer zu begreifen, warum Marcel Lecoufle, ein großer französischer Züchter und Orchideenexperte, 1977 bei der Registrierung dieses Klons im Internationalen Orchideenregister der Royal Horticultural Society beschloss, ihm den Namen der Figur aus dem Kinderbuch von Carlo Collodi zu geben. Um ihn zu beschaffen, wählte er zwei Eltern von großem Kaliber: *Paphiopedilum glaucophyllum,* mit den blauen Laubblättern und dem hervorstechenden, intensiv rosafarbenen Labellum, und *Paphiopedilum primulinum*, mit einem weniger ausgeprägten gelblichen Labellum. Das Ergebnis ist eine Orchidee mit hellgelben und hellgrünen Blüten (in der Form ‚alba'), die neugierig macht und sehr pflegeleicht ist, weil sie Wärme liebt und fortwährend blüht. Sobald sich eine Blüte öffnet, beginnt eine andere Knospe zu reifen, um deren Platz einzunehmen. Aber dies geschieht erst nach mehreren Monaten.

Ja, ich bin's

An Fantasie mangelte es Mutter Natur nicht gerade, als sie die *Masdevallia* schuf, eine südamerikanische Miniaturorchidee. Sie ist in den kühlen Nebelwäldern der Andengipfel weit verbreitet. Sie bewohnt dort die großen Bäume, die ihr angenehmen Schatten bieten, der sie vor den kräftigen Strahlen der Sonne schützt.

Die *Masdevallia* ist leicht an den drei Sepalen zu erkennen, die teilweise an der Basis miteinander verwachsen sind und die der Blüte die Form einer kleinen, dreieckigen Tasse mit langen, spitz zulaufenden Ecken verleihen. In der Mitte, durch die Sepalen geschützt, liegt ein kleines Labellum. Dieser fruchtbare Teil der Blüte ist für unsere Augen beinahe unsichtbar, für bestäubende Insekten jedoch leicht zugänglich. Die *Masdevallia*-Hybriden wurden von Menschenhand geschaffen, bestechen jedoch durch den Charme ihrer eleganten, aber ungewöhnlichen und attraktiven Blüten. Obendrein stellen sie noch geringere Ansprüche als ihre natürlichen Artgenossen. Ihnen genügt im Winter eine kühle Ecke im Haus und im Sommer der Schatten eines Baumes im Freien. Häufiges, aber nicht übermäßiges Besprühen und Wässern belohnen sie mit reichhaltiger Blüte.

MASDEVALLIA-HYBRIDE

Hommage an die Schönheit

Diese herausragende Vertreterin der Gattung *Oncidium* aus dem brasilianischen São Paulo trägt den lateinischen Beinamen *insigne*, was so viel bedeutet wie schmückendes Abzeichen. Ein Schmuckstück ist diese Orchidee allemal, deren Name 2002 endgültig festgelegt wurde, nachdem man aufgrund einer DNA-Analyse ihre genetischen Eigenschaften bestimmen konnte. Bis dahin war sie unter dem Namen *Oncidium varicosum* var. *rogersi* ‚Baldin' bekannt.

Wissenschaftliche Detailversessenheit spielt jedoch nur eine untergeordnete Rolle in den Augen derer, die die zauberhaften Blüten dieser Orchidee aus der Nähe bewundern dürfen. Eine Überraschung ist das Labellum, das mit seinen vier Zentimetern relativ groß im Verhältnis zur gesamten Blüte ist und sich in leuchtendem Gelb von den Sepalen und Petalen in dunklem Braun abhebt. Die *Oncidium* blüht in den letzten Herbst- und ersten Winterwochen und ist trotz ihrer kostbaren Erscheinung eine Orchidee mit robustem Charakter, die auch den einen oder anderen Fehler bei der Pflege verzeiht.

Oncidium insigne

Masdevallia strobelii

Entzückende Miniatur

Wenn sie zu blühen beginnt, möchte man die Augen nicht mehr von dieser kleinen Bergorchidee abwenden, die sich in einer Höhe zwischen 1400 und 1700 Metern in den Wäldern der Anden, von Südost-Ecuador bis Peru, an der Rinde von Bäumen festhält. Die Knospe, die sich an der Spitze verjüngt und nicht länger als fünf Zentimeter wird, sprießt aus einem Büschel einzelner, ledriger, keilförmiger Blätter. Sie braucht ein paar Tage, um aufzublühen, als ob sie dem gespannt wartenden Orchideensammler Zeit geben wollte, sie vor dem großen Moment lange genug zu beobachten. Wenn sich die entzückende Blüte schließlich öffnet, sind es nur noch wenige Wochen bis Weihnachten. Kurz vor den Feiertagen mischt sich dann in den Duft von Gebäck und Keksen ein intensiver Karamellgeruch, der typisch für die Blüten der *Masdevallia strobelii* ist.

Nur dem Aussehen nach eine Spinne

BRASSIA ETERNAL WIND

Was die Blüte der *Brassia* auf den ersten Blick so besonders macht, sind ihre Sepalen und Petalen, die ihr das Aussehen einer Spinne verleihen. Kein Wunder also, dass man sie auch „Spinnenorchidee" nennt. Die Gattung besteht aus dreißig meist duftenden Arten, die im tropischen Mittel- und Südamerika verbreitet sind. Sie zeigen einen üppigen Wuchs mit mehreren Pseudobulben und lanzettförmigen dunkelgrünen Blättern. Die *Brassia* Eternal Wind ist eine Hybride aus dem Jahr 1993 und erfreut das Auge zweimal im Jahr mit einem schönen Blütenstand aus gelbgrünen Blüten mit schokoladebraunen Flecken. Sie ist besonders bei Anfängern beliebt, denn trotz ihres exotischen Aussehens lässt sie sich zu Hause leicht kultivieren. Ihr genügen das ganze Jahr über mittlere Lichtverhältnisse. Lediglich im Sommer braucht sie viel Wasser, im Herbst dagegen nur sehr wenig.

Wie edle Spitze

Diese epiphytische Orchidee, die mit ihrem einzigen Blatt gleichzeitig bizarr und zart aussieht, ist in Latein- und Mittelamerika beheimatet. Ihr kurzer Blütenstand sprießt aus der Basis der Blattes. Die kleinen, ansprechend geformten Blüten reihen sich hintereinander auf und liegen auf dem Blatt wie Perlen oder wie Spitze, die eine Haube bereichert (in England heißt sie deshalb auch „Hauben-Orchidee"). Der Name *Pleurothallis pubescens* ist eine kleine Anspielung auf die feinen Haare, die die winzigen, kaum einen halben Zentimeter langen Blüten bedecken. Der Duft, den sie absondern, ist nicht besonders angenehm. Die Orchidee wurde in der ersten Hälfte des 19. Jahrhunderts entdeckt. Ihr natürlicher Lebensraum sind die dichten und feuchten Wälder an Berghängen zwischen 500 und 1900 Metern Höhe. *Pleurothallis pubescens* blüht zwischen Juli und August.

PLEUROTHALLIS
PUBESCENS

Die Mysteriöse

Auf dem indonesischen Archipel am Rande des Äquators, auf halbem Weg zwischen Asien und Ozeanien, begleitet die Musik, die den einfachen Instrumenten entlockt wird, Tänze von seltener Anmut, die der Schönheit der Frauen oder der Leichtigkeit eines fliegenden Paradiesvogels gewidmet sind. Qualität ist kein Zufall bei dieser Orchidee, die in der Wildnis der gemäßigten und feuchten Wälder von Sumatra, Sulawesi (Celebes), Borneo und Neuguinea beheimatet ist. Sie besitzt eine große Blüte (fast siebzehn Zentimeter), worauf ihr botanischer Name *Bulbophyllum grandiflorum* bereits hinweist. Interessant ist die Anordnung ihrer Sepalen, die den geheimnisvollen Gesetzen der Natur folgen: Zwei davon beugen sich nach vorne, um Insekten als Bestäuber anzulocken, ein anderes ist gebogen, um das Ovar nach der Befruchtung zu schützen. Die Blütenknospen erscheinen im Herbst, die Blüten selbst sondern einen besonderen Duft ab, der entfernt an frisch gemahlenen Pfeffer erinnert.

BULBOPHYLLUM GRANDIFLORUM

„Biografie"

Fabio Petroni wurde 1964 im italienischen Corinaldo geboren und lebt derzeit in Mailand. Nach seinem Studium der Fotografie arbeitete er mit einigen der anerkanntesten Profis auf diesem Gebiet zusammen. Inzwischen hat er sich auf Porträts und Stillleben spezialisiert, die von seinem intuitiven, strengen Stil geprägt sind. Im Lauf der Jahre porträtierte er viele italienische Prominente aus Kultur, Medizin und Wirtschaft. Gemeinsam mit namhaften Werbeagenturen entwarf er zahlreiche Kampagnen für renommierte Unternehmen und Firmen in aller Welt und kümmert sich persönlich um das Erscheinungsbild einiger großer italienischer Marken. Für White Star Verlag publizierte er *Pferde im Porträt* (2010), *Mischlinge* (2011), *Cocktails* (2012), *Super Katzen!* (2012) und *Rosen* (2012). Seine Internetadresse lautet *www.fabiopetronistudio.com*

Anna Maria Botticelli wurde in Genua geboren und lebt in Mailand. Als Biologin und Mikrobiologin besitzt sie eine große Leidenschaft für Pflanzen. Sie arbeitet seit zwanzig Jahren für verschiedene italienische Verlage wie *Arnoldo Mondadori Editore, Cairo Editore, Periodici San Paolo, Pentagono Editrice* und ist Autorin von Artikeln und Rubriken über „grüne" Themen. Für *Gardenia*, das renommierteste italienische Magazin über Blumen, Pflanzen, Gärten und Obstgärten, betreute sie die Realisierung von Monografien über Zwiebelblumen, Pelargonien und Orchideen. Sie veröffentlichte außerdem einige Abhandlungen über Orchideen (Idealibri, 1990). Zusammen mit der Pharmazeutin und Kräuterkundigen Clementina Cagnola schrieb sie *La salute foglia per foglia* (A. Mondadori, 1998). In Kooperation mit IBC, dem Centro Internazionale dei Bulbi da Fiore, redigierte sie die technischen Anweisungen in dem Buch *Giardini in vaso* (A. Mondadori, 2004).

„Dank"

Die Autorin bedankt sich bei Luigi Callini von Le Orchidee del Lago Maggiore, der freundlicherweise die in diesem Band fotografierten Orchideen zur Verfügung stellte.
Ein besonderer Dank geht an Alessandro Valenza, Sammler, leidenschaftlicher Züchter und Pionier neuer Kultivationstechniken und -technologien, Vertreter Italiens bei Orchideen-Ausstellungen in Südostasien, insbesondere in China und Malaysia, mit Kunstinstallationen aus regionalen Materialien, Preisträger mehrerer internationaler Auszeichnungen, für seinen entscheidenden Beitrag zur genauen internationalen Bezeichnung der Orchideen und für seine wertvollen Ratschläge; Giancarlo Pozzi, ein spezialisierter Gärtner, der als einer der wenigen Italiener neue Hybrid-Orchideen erschafft und regelmäßig bei der RHS registrieren lässt, ein begeisterter Leser, Sammler und Erzähler von Geschichten und Anekdoten, für die liebevolle Unterstützung und die Bereitschaft, seine Erfahrungen zu teilen; Guido De Vidi, einer der bedeutendsten und enthusiastischsten italienischen Amateursammler von Orchideen, der sich in vielen Verbänden engagiert, einen umfangreichen italienischen Blog ins Leben rief, sich an der Organisation von Veranstaltungen beteiligt, der Gewinner zahlreicher Auszeichnungen ist und internationale Anerkennung genießt, für seine Unterstützung und Ermutigung; sowie Natalia Fedeli, Journalistin bei Gardenia, Autorin von *Rosen* (Edizioni White Star Verlag, 2012), für ihre Recherche zu den fotografierten Orchideen und das Vertrauen, das sie in mich setzte.
Der Dank der Autorin gilt auch ihrem Ehemann Ernesto Minotti für seine Hilfe bei der (notgedrungenen) Auswahl und dem Lesen der Texte.

Der Fotograf dankt Natalia Fedeli, Luigi Callini und Detlef Frenzel für ihr Entgegenkommen und ihre Hilfsbereitschaft.

„Alphabetisches Verzeichnis der Orchideen"

x *Aliceara* Tahoma Glacier ‚Green'	Seite 120
Angraecum Veitchii	Seite 54
x *Ascocenda* Princess Mikasa ‚Tayanee White'	Seite 142
Brassia Eternal Wind	Seite 200
Bulbophyllum grandiflorum	Seite 204
Bulbophyllum retusiusculum	Seite 190
Cattleya hybride	Seite 18
Cattleya hybride	Seite 108
Cattleya hybride	Seite 144
Cymbidium tracyanum	Seite 76
Cyrtochilum meirax	Seite 172
Dendrobium arcuatum	Seite 126
Dendrobium Berry ‚Oda'	Seite 138
Dendrobium Emma White	Seite 134
Dendrobium hodgkinsonii	Seite 178
Dendrobium nobile hybride	Seite 82
Dendrobium sulawesiense	Seite 96
Dendrobium tetragonum	Seite 160
Laelia harpophylla	Seite 170
Lycaste ‚Anna Katharina'	Seite 42
Macroclinium xyphophorus	Seite 176
Masdevallia constricta	Seite 186
Masdevallia hybride	Seite 194
Masdevallia strobelii	Seite 198
Mormolyca ringens	Seite 40
Oncidium forbesii	Seite 78
Oncidium George McMahon ‚Fortuna'	Seite 58
Oncidium insigne	Seite 196
Oncidium klotzschianum	Seite 180
x *Oncidopsis* Nelly Isler	Seite 88
Paphiopedilum appletonianum	Seite 38
Paphiopedilum charlesworthii	Seite 182
Paphiopedilum fairrieanum	Seite 184
Paphiopedilum glaucophyllum	Seite 174
Paphiopedilum hybride	Seite 90
Paphiopedilum Leeanum	Seite 150
Paphiopedilum Pinocchio f.ma *alba*	Seite 192
Paphiopedilum venustum	Seite 50
Paradisanthus micranthus	Seite 128
Phalaenopsis Bright Peacock	Seite 94
Phalaenopsis Hilo Pink	Seite 44
Phalaenopsis hybride	Seite 70
Phalaenopsis hybride	Seite 106
Phalaenopsis hybride	Seite 118
Phalaenopsis Jiaho's Pink Girl	Seite 130
Phalaenopsis Miss Saigon	Seite 24
Phalaenopsis Shih Hua Smile	Seite 30
Phalaenopsis Surf Song ‚OX Gold Orange'	Seite 28
Phalaenopsis Taida Pearl	Seite 102
Phalaenopsis Timothy Christopher	Seite 154
Phragmipedium Saint Peter	Seite 80
Pleurothallis dilemma	Seite 168
Pleurothallis pubescens	Seite 202
Polystachya fallax	Seite 36
Prosthechea vitellina	Seite 124
Rhynchostele bictoniensis	Seite 98
Robiquetia cerina	Seite 166
Rossioglossum grande	Seite 164
Scaphyglottis prolifera	Seite 52
Vanda Robert's Delight	Seite 66

„Nützliche Adressen"

WISSENSCHAFTLICHE INSTITUTIONEN

Royal Horticultural Society (RHS)
London, Vereinigtes Königreich
Tel. +44 845 260 5000
www.rhs.org.uk

Epidendra
The Global Orchid Taxonomic Network
Costa Rica
Tel. +506 2511 7931
www.epidendra.org

Schweizerische Orchideenstiftung (SOF)
Basel, Schweiz
Tel. +41 61 267 29 81
orchid.unibas.ch

BOTANISCHE GÄRTEN

Eric Young Orchid Foundation
Trinity, Jersey, Kanalinseln, UK
Tel. +44 1534 861 963
admin@eyof.co.uk
www.ericyoungorchidfoundation.co.uk

Jardín Botánico Lankester
Universidad de Costa Rica
Cartago, Costa Rica
Tel. +506 552 3247
jardinbotanicolankester@ucr.ac.cr
www.jbl.ucr.ac.cr/php/inicio/inicio.php

Marie Selby Botanical Gardens
Sarasota, Florida, USA
Tel. +1 941 366 5731
www.selby.org

Gardens By the Bay
& Singapore Botanic Gardens
Singapur
www.gardensbythebay.com.sg/en/home.html
www.sbg.org.sg

WEBSITES

Internet Orchid Species Photo Encyclopedia
www.orchidspecies.com

The International Orchid Register
Selston, Nottinghamshire, UK
Tel. +44 1773 511814
orcreg@rhs.org.uk
apps.rhs.org.uk/horticulturaldatabase/orchidregister

BLOGS & FOREN

Giulio Farinelli
www.orchidando.net
giulio@orchidando.net

Guido De Vidi
www.orchids.it
info@orchids.it

Orchideenforum
www.orchideenforum.de

Deutsche Orchideengesellschaft
www.orchidee.de/forum/index.php

VERBÄNDE

European Orchid Council (EOC)
www.europeanorchidcouncil.eu

Associazione Italiana di Orchidologia (AIO)
www.associazioneitalianaorchidologia.it

British Orchid Council (BOC)
www.british-orchid-council.info

Deutsche Orchideen-Gesellschaft (DOG)
www.orchidee.de

American Orchid Society (AOS)
www.aos.org

All Japan Orchid Society (AJOS)
www.orchid.or.jp

Taiwan Orchid Growers Association (TOGA)
www.toga.org.tw/eng/index.php

ZÜCHTER UND SAMMLER, DIE SICH AUF ORCHIDEEN SPEZIALISIERT HABEN

Alessandro Valenza
Marzio, Varese, Italien
Tel. +39 (0)332 727869
valenzino@yahoo.it
www.flickr.com/photos/35673552@N06/
www.facebook.com/valenza.alessandro

A.M. Orchidées
Grisy Suisnes, Frankreich
Tel. +33 1 60627008
www.am-orchidees.fr
marongiu@free.fr

Az. Agricola Nardotto Capello
Camporosso, Imperia, Italien
Tel. +39 (0)184 290069
www.nardottoecapello.it/azienda.asp

Az. Floricola Il Sughereto
di Giulio Farinelli
Roccastrada, Grosseto, Italien
Tel. +39 329 9623252
info@orchidandoshop.it
www.orchidando.net

Az. Floricola Orchidee Circeo
San Felice Circeo, Latina, Italien
Tel. +39 (0)773 540061
info@orchideecirceo.it
www.orchideecirceo.it

Detlef Frenzel Orchideen
Stuttgart, Deutschland
Tel. +49 711 283863
orchideen-frenzel@t-online.de

Enrico Orchidee di Vincenzo Enrico
Albenga, Savona, Italien
Tel. +39 (0)182 50864
info@enricoorchidee.it
www.enricoorchidee.it

Floricoltura Corazza di Adriano Corazza
Polpenazze del Garda, Brescia, Italien
Tel. +39 (0)365 654050
info@floricolturacorazza.it
www.floricolturacorazza.it

Floricoltura Valtl Raffeiner
Bolzano, Italien
Tel. +39 (0)471 920218
info@raffeiner.net
www.raffeiner.net

Hans Christiansen Orchidegartneriet
Fredensborg, Dänemark
Tel. +45 48480471
www.orchidegartneriet.dk

L'Amazone Orchidées von Gerhard Schmidt
Nalinnes, Belgien
Tel. +32 (0)71 302285
amazone.orchidees@gmail.com
www.amazoneorchidees.be

Le Orchidee del Lago Maggiore di Luigi Callini
Belgirate, Verbano-Cusio-Ossola, Italien
Tel. +39 340 5284908
www.orchidslago.com

Orchideria di Morosolo di Giancarlo Pozzi
Casciago, Varese, Italien
Tel. +39 (0)332 820661
info@orchideria.it
www.orchideria.it

Riboni Orchidee di Alfredo Riboni
Varese, Italien
Tel. +39 (0)332 263565
info@riboniorchidee.it
www.riboniorchidee.it

Röllke Orchideenzucht
Schloss Holte-Stukenbrock, Deutschland
Tel. +49 (0)5207 920546
roellkeorchideenzucht@t-online.de
www.roellke-orchideen.de

Ryanne Orchidée
Bavay, Frankreich
Tel. +33 (0)3 27693055
ryanne.orchidee@wanadoo.fr
www.ryanne-orchidee.com

WS White Star Verlag® ist eine eingetragene Marke
von De Agostini Libri S.p.A.

© 2013 De Agostini Libri S.p.A.
Via G. da Verrazano, 15
28100 Novara, Italien
www.whitestar.it - www.deagostini.it

Übersetzung : Karin Hofmann

Alle Rechte vorbehalten. Kein Teil des Werkes darf
in irgendeiner Form (durch Fotokopie, Mikrofilm
oder ein ähnliches Verfahren) ohne die schriftliche
Genehmigung des Verlages reproduziert oder unter
Verwendung elektronischer Systeme verarbeitet,
vervielfältigt oder verbreitet werden.

ISBN 978-88-6312-168-1
1 2 3 4 5 6   17 16 15 14 13

Gedruckt in China